Cerddi Call a Cherddi Gwirion...

...ac ambell un â thro yn ei chynffon!

Elen Pencwm

Hughes

Cyflwynedig

i

J.E. am domen o atgofion melys a doniol!

Argraffiad cyntaf: Hydref 2001

Cyhoeddwyd gan Hughes a'i Fab,
Parc Tŷ Glas, Llanisien,
Caerdydd CF14 5DU

ISBN 0 85284 312 7

Darluniau a phosau: Natalie Rogers

Cysodwyd ac argraffwyd gan Wasg Dinefwr,
Heol Rawlings, Llandybïe, Sir Gaerfyrddin

Cynnwys

Fy nheulu

Mae Dad yn fawr a Mam yn fach,
a Lowri yw enw'r babi bach
sy'n sgrechian a gweiddi
o fore tan nos – ac mae pawb yn meddwl
ei bod hi'n dlos!
Mae Dad-cu yn hen ac yn gwisgo tei
ac weithiau mae'n taro rhech ar y slei.
Ac am Mam-gu, mae'i dannedd hi'n dod mas,
a 'sdim ots be wna i, fydd hi byth yn gas.
A Charlie yw'r gath a Smot yw'r ci,
a dyna pwy sy'n byw yn tŷ ni – o, ie, a fi!

• Lliwiwch y teulu.

Mochyn

Oinc, oinc, soch, soch! Dwi'n mwynhau yn y baw,
Ie, dwi'n rholio'n y mwd yn yr haul a'r glaw.
Er 'mod i'n dew mae gen i goesau reit bwt,
ac mae rhai yn chwerthin am fy nghynffon fach dwt.
'Rôl bwyta a bwyta dwi'n dew fel balŵn,
ac yna dwi'n rhochian, a glywch chi'r sŵn?

- Helpwch y mochyn i ffeindio'i ffrind a lliwiwch nhw.

Peth rhyfedd

Roedd Mam arfer bod fel plancen chwe modfedd,
Ond nawr mae 'i bol hi mas ryw droedfedd.
Does dim llawer o le i eiste'n ei chôl,
A dwi'n cofio nad oedd hi fel 'na sbel yn ôl.
Weithie mae'n dweud fod y bol yn mynd 'bwmp',
A dwi'n cael rhoi 'nghlust i glywed y lwmp.
Mae Dad yn ffysian o gwmpas fel pry –
'Sgwn ai brawd neu chwaer fach gaf i?

- Lliwiwch y llun gan ddilyn y rhifau
① porffor ② pinc ③ gwyrdd ④ du.

Beth am . . .!

Beth am gael disgo draw yn y lolfa?
Symud ffordd hyn a neidio i fa'ma.
Pawb yn symud, 1-2-3,
Dewch i'r disgo sy yn ein tŷ ni!

Beth am sgïo'n y stafell wely?
Mae'r llethr yn barod, dewch draw yn reit handi.
Wrthi'n sgïo, 1-2-3,
Dewch i sgïo yn ein tŷ ni!

Beth am nofio yn y bàth?
Am bwll nofio! Does dim o'i fath.
Fe gawn rasio a rasio, 1-2-3,
Dewch i'r pwll nofio yn ein tŷ ni!

Beth am ddringo'n y stafell fwyta?
Lan y silffoedd, pob un am y cynta,
Un droed, dwy droed, 1-2-3,
Dewch i ddringo yn ein tŷ ni!

Na! meddai Mam, dim dringo na sgïo!
Does dim lle i nofio, nac yn sicr i ddisgo!
Beth am beidio, 1-2-3,
Mae 'na le tu fas, felly bant â chi!

• Ymunwch y dotiau a lliwiwch y llun.

Anrheg ben-blwydd

Ar fy mhen-blwydd cefais anrhegion di-ri
gan y teulu i gyd, a ches bres gan Mam-gu!
Ond yr anrheg orau a ddaeth i law
yw'r wisg gowboi – mae honno'n waw!
A phan dwi adre, y peth cynta dwi'n wneud
yw gwisgo'r wisg, ac yna rwy'n dweud:
'Hei! Aros am funud a gwrando arna i,
fi yw'r cowboi sy am dy ddala di!'
Mae gen i het frown a bathodyn arian,
a beth am fy ngwn? Mae hwnnw'n sgrechian!
'Sdim ceffyl gen i, ond dyw'r stori heb gwpla,
Fe hola i am un am fy mhen-blwydd nesa . . .

- Mae 5 gwahaniaeth rhwng y ddau lun yma.
Dewch o hyd iddyn nhw a lliwiwch y lluniau.

Amynedd

Hei! Dwi'm eisiau losin nes ymlaen,
dwi eisiau nhw nawr.
O'r fath straen!

Sa i moyn aros tan fory i fynd am dro,
dwi eisiau mynd nawr,
Mi af i o 'ngho!

Oes rhaid i fi chwarae gyda 'mrawd bach?
Mae e'n mynd ar fy nerfe,
O! dyma strach!

Pam? Pam? Pam?

Pam nad oes grisiau i gyrraedd y lleuad?

Pam nad oes un maint i bob goriad?

Pam fod sgidiau newydd ddim yn newydd am hir?

Pam fod blas lemwn yn siarp ac yn sur?

Pam nad yw adar yn teithio mewn jet?

Pam dwi'n mynd at y meddyg ac nid at y fét?

Pam dwi'n cael bàth a ddim yn gwlychu tu fewn?

Pam fod rhai'n swil ac rhai eraill yn ewn?

'Pam' yw fy hoff air i yn y byd,

Dwi'n holi cwestiynau fel hyn o hyd!

John y Jiráff!

O'r holl anifeiliaid sydd i'w cael yn y byd,
Fi yw y tala ohonyn nhw'i gyd!
Mae 'nghoesau i'n fwy nag unrhyw dŷ,
A 'ngwddf i'n estyn i'r awyr fry.
Mae gen i got felen a smotiau brown hardd,
Pwy ydw i sy'n dipyn o fardd?

• Ymunwch y dotiau a lliwiwch y llun.

Siani

Dewch i gwrdd â Siani,
yr orau fu erioed;
mae'n fy nilyn i i bobman,
fy ffrind ar bedair troed.

Weithiau mae hi'n cyfarth,
un swnllyd iawn yw hi;
er mai ci yw Siani,
mae'n ffrind da iawn i fi.

Mae'n gweithio'n galed, galed,
yn corlannu'r defaid i gyd;
does 'run ci arall mor glyfar,
hi yw'r orau yn y byd.

Dewch i gwrdd â Siani,
yr orau fu erioed;
mae'n fy nilyn i i bobman,
fy ffrind ar bedair troed.

- Helpwch Siani i fynd â'r ddafad i'r gorlan. Lliwiwch yr anifeiliaid.

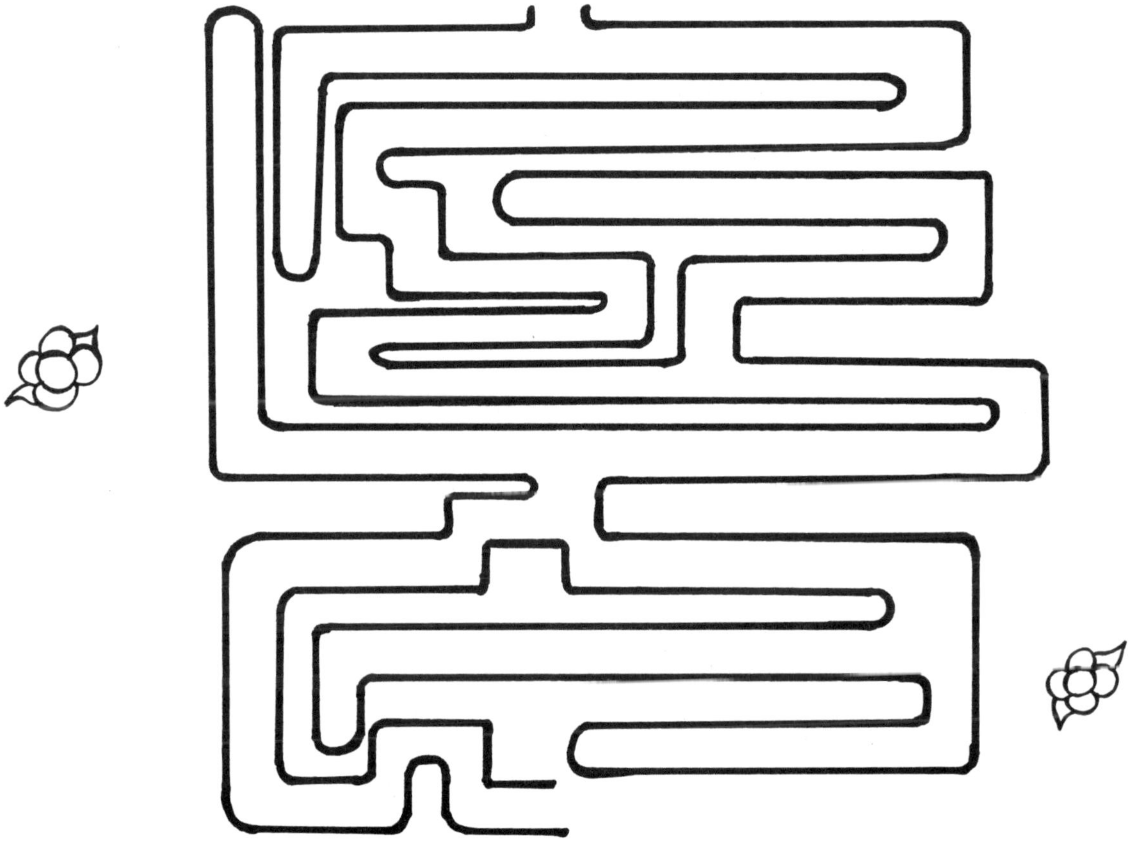

Peintio wyneb

Mi es i i'r 'Steddfod heddi,
Nid i ganu na llefaru,
Ond i babell llawn sbri
a chael paent arna i.

Dwi'n anifail – pwy ydw i?
Yn streipiau gwyn, oren a du.
O'r 'Steddfod i'r jwngwl af i,
Fi yw'r gath fwya erioed,
Yn ddistaw fy nhroed,
Pwy yn y byd ydw i?

Mae'r paent ar fy wyneb yn awr,
Rwy'n gath eithriadol o fawr,
Yn oren fy nhrwyn
a gwyn ar fy ffroen,
Rwy'n gath ond eto'n gawr.

Ond waeth i mi heb â breuddwydio,
Yn y 'Steddfod rwy'n aros heno.
Ar ôl cawod go hir
a'r dŵr nawr yn glir,
nid teigr wyf i – ond Ianto!

• Lliwiwch fi.

Jac yn dianc

Digwyddodd peth rhyfedd bore ddoe;
dihangodd y bochdew – wel, dyna foi!
Edrychais am Jac tu mewn a thu fas,
'rôl chwilio a chwilio ro'n i'n eitha cas.
Doedd e ddim yn y meicro
na'n y dreser yn cuddio,
na hyd yn oed yn y bàth.
Ro'n i'n dechrau poeni fy mod wedi ei golli
a'i fod ym mol y gath.
Ro'n i 'di edrych ym mhob man,
yn y tegell a'r sosban;
ond doedd dim sôn am Jac.
Ymhen hir a hwyrach
fe glywais i ryw rwgnach
mewn hosan oedd ar y llawr.
Roedd e'n cysgu a chwyrnu,
yn breuddwydio mae'n siŵr,
a fynte 'di creu yr holl drafferth a'r stŵr.
Roedd Jac 'di dechrau cysgu,
mae cysgaduriad yn gwneud hynny.
A bant ag e i guddio,
y bochdew wedi blino:
Nos da, Jac, wela i ti eto –
'sgwn i pryd y bydd e'n deffro . . .

- Allwch chi ddod o hyd i 5 bochdew? Lliwiwch y llun wedyn.

Gadael tŷ Mam-gu

O na! O ie! Mae'r gloch yn canu,
Dyma Dad, sy'n dod i'n casglu.
Rhaid meddwl am esgus, a hynny nawr:
'Hei, Dad! Ga i chwarae am awr?
Neu beth am aros am ddisgled o de?'
Rhywbeth i osgoi gadael y lle.
Er gwaetha'r herio, dyma ni,
mae'n bryd i fi adael tŷ Mam-gu.
Ac er gwaetha'r strancio a'r gweiddi'n groch,
mae'n mynnu rhoi sws reit ar fy moch!
Un fawr a gwlyb, o ych-a-fi!
Mae'n gas gen i adael tŷ fy mam-gu!

Beth sydd o dan y gwely?

Oes, mae rhywbeth dan y gwely,
ac mae'n dywyll ac rwy'n ofni.
'Sgwn i beth sydd yna'n stelcio?
Yn fy myw, alla i ddim pipo!
Falle bod 'na Fwci-Bo,
neu neidr gas yn mynd o'i cho.
Ysbryd slei sydd yna'n cuddio
neu'n waeth fyth – UFO!
Dwi'n mynd i edrych:

Un . . .
. . . dau . . .
. . . tri . . .

Dim byd ond llanast – nos da i chi!

Sebra

Fe gwrddais â rhywun unwaith,
Fe holodd: 'Ai ceffyl wyt ti?'
Wel, dyna beth hurt, meddyliais,
a dangos fy nghot gwyn a du!

Mae ceffyl yn byw mewn stabal,
a minnau yn byw ar y paith.
Does neb yn mynd ar fy nghefn i,
byddai hynna'n ormod o waith!

Gyda'r estrys a'r llewod dwi'n byw yn hapus,
felly cofia – nid ceffyl, ond Sebra anturus.

- Lliwiwch yr anifeiliaid.
- Enwch yr anifeiliaid.

S _ b r a   L l _ w   E s t r y _

Arian

Mae gen i frawd o'r enw Aled,
ac mae byw 'dag e yn eitha caled;
mae'n dwyn fy nheganau
ac yn crio o hyd:
'Mam, ydy chwiorydd yn costio'n ddrud?'

Mae gen i bysgodyn o'r enw Wmffras,
a waeth i fi ddweud, mae e'n eitha diflas;
yn nofio o amgylch o hyd ac o hyd:
'Mam, ydy eliffantod yn costio'n ddrud?'

Mae gyda ni gar o'r enw Beti,
sy'n gwneud sŵn eitha od wrth ei yrru;
ac mae Dad yn cwyno wrth fynd lawr y stryd:
'Mam, ydy awyrennau'n costio'n ddrud?!'

• Allwch chi weld 5 gwahaniaeth rhwng y ddau lun?
Lliwiwch Wmffras a'i danc.

Enw

Mae rhywrai'n y byd yn fy ngalw fi'n 'Harri',
A gweud y gwir 'sdim ots am hynny.

Ac ambell i berson yn fy ngalw i'n 'Sam',
Ond peidiwch chi wir â holi pam.

'Jac' yw'r enw i griw o rai,
Er i mi ddweud fy enw'n ddi-drai.

'Wil,' gwaeddodd rhywun o gornel y stryd,
O, meddyliais, y tro cynta'n y byd.

Ac i chi cael gwybod beth yw'r enw dan sylw
Does neb yn cofio mai fi yw Dicw!

Y saith cysgadur

Mae 'na saith cysgadur annwyl
yn paratoi yn awr
i gysgu dros y gaeaf,
anifeiliaid bach a mawr.

Mae'r wiwer yn brysur, brysur,
yn casglu cnau o hyd;
a'r llyffant sydd yn bwyta
plataid mawr bob pryd.

A'r crwban araf hefyd,
bydd yn cysgu cyn pen dim.
A dyna'n siŵr fydd hanes
ein ffrind, yr ystlum chwim!

Mae'r draenog pigog eisoes
wedi casglu dail ynghyd;
ac yn dechrau teimlo'n gysglyd
mae . . . a-ha . . . llygoden yr ŷd . . .

Mae'r neidr wedi blino,
rhaid cysgu, oes yn wir,
a dyna'r saith cysgadur
sy'n cysgu trwy'r gaeaf hir.

GÊM Y SAITH CYSGADUR!

Dewch o hyd i ffrind a dîs. Defnyddiwch ddarnau o arian fel cownteri, a thaflwch y dîs am yn ail i fynd o gwmpas y bwrdd.

Y babell

O waw! Dwi'n cysgu mewn pabell,
Mae popeth yn barod bron.
Er bod hi'n gynnar y prynhawn,
Wi moyn cysgu y funud hon.

Mae'r sach gysgu yn barod,
Ac yn edrych yn glyd.
Pabell heb os
Yw'r lle gorau'n y byd!

Nawr mae'n dechre nosi,
Nos da i chi a fi!
Ma' 'na synau od mas tu fas –
O Dad, gaf i gysgu'n y tŷ?

- Ymunwch y dotiau a lliwiwch y llun.

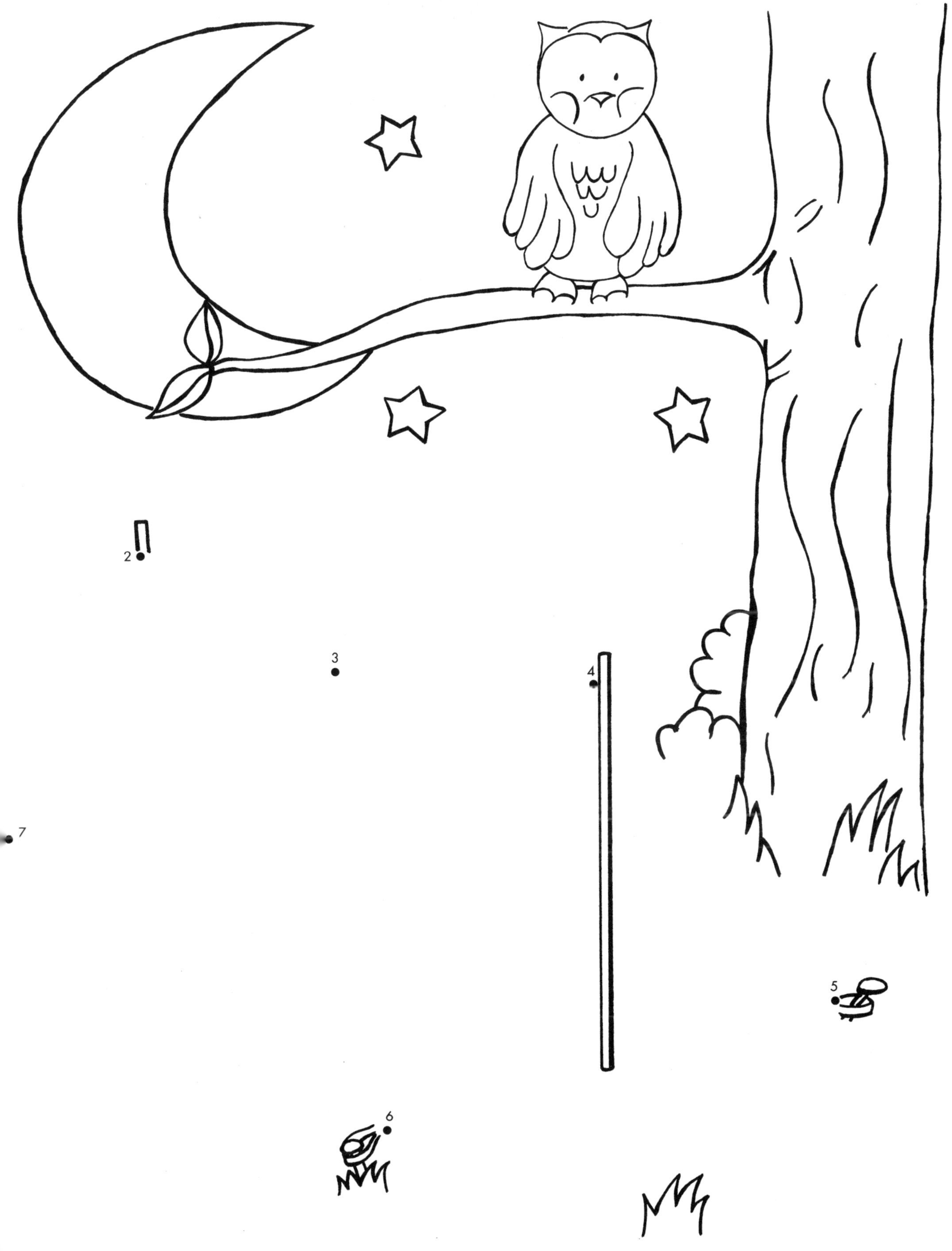

Siopa

Mae Mam yn gyrru car,
ond dyma fi mewn troli!
A dwi 'di dysgu erbyn hyn
i estyn pethau'n handi.
I mewn â hwn, un, dau, tri,
a beth am hwn? . . . dyna ni.
Dyw Mam ddim yn sylwi
a rhaid cario 'mlaen,
oherwydd dwi 'di arfer,
dwi 'di chwarae'r tric hwn o'r blaen . . .
Rownd a rownd y siop
a nawr mae'n bryd i ni dalu:
O! diar! 'Na olwg ar wyneb Mam,
mae rhaid bod hi 'di sylwi.
Dwi'n cael stŵr, mae Mam yn gas,
on'd ydy siopa'n ddiflas?

Lliwiwch y ffrwythau.

1 

un afal
mawr coch

2 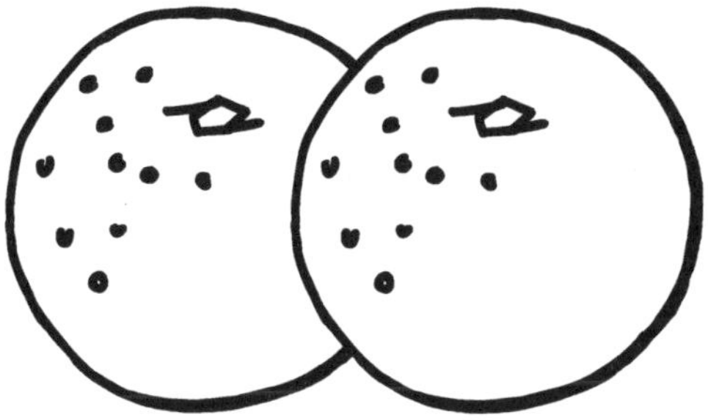

dau oren

3 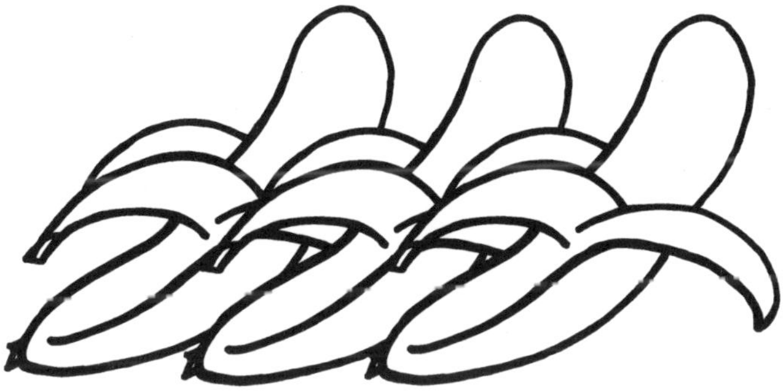

tair banana

4 

pedair
ceiriosen

5 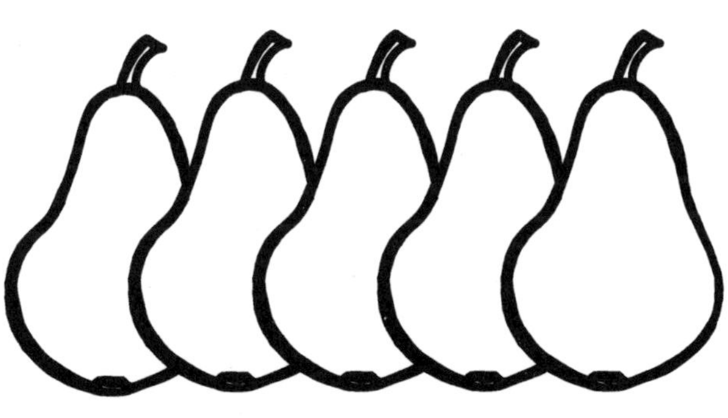

pum peren

Tedi

'Mae'n amser clirio'r bocs teganau,'
Gwaeddodd Mam trwy'r tŷ un tro.
Ond doeddwn i ddim eisiau gwneud –
Ych! mae'n gas gen i dacluso.

Edrychais ar fy nghist fawr liwgar,
Melyn, coch a glas.
Fe fydda i wrthi'n glanhau am orie,
Bydde'n well gen i fynd mas.

Agorais y gist oedd yn llawn teganau,
Doliau a gêmau di-ri . . .
Ac yno yn y gwaelod –
O! dyma fe, Tedi!

'Ble wyt ti 'di bod, 'rhen ffrind,
Yn flêr ac yn ddwst i gyd?'
Ond ddwedodd Tedi ddim yn ôl,
Dim ond eistedd yno'n fud.

Mae Tedi nawr yn eistedd
Ar stôl yn fy stafell i.
Roedd Mam yn iawn am lanhau'r gist;
Wedi'r cyfan, fe ffeindies i Tedi!

- Helpwch fi i ddod o hyd i Tedi.
- Lliwiwch fi a'r teganau – a Tedi!

Ond dwi'n sâl!

Mae gen i ryw afiechyd,
ac O! dwi'n sâl fel ci!
Tonsils enfawr fel balŵns
a 'nhymheredd yn gant a thri.
Mae gyda fi fronceitis,
a'r frech goch, dwi bron yn siŵr.
Dwi prin yn medru llyncu,
plîs ga i ddracht o ddŵr?
"Mynd i'r ysgol?" O, nefi bliw!
Mae'n siŵr fod hi'n bryd i fi gael y ffliw!

- Lliwiwch gan ddilyn y rhifau
  ① melyn ② glas ③ gwyrdd ④ brown.

Pengwin

Helô! Shwmai? Chi'n fy nabod i.
Aderyn y môr, neu bengwin i chi.
Dwi'n nofio fel morlo,
Mae gen i big fel y frân,
Welsoch chi greadur fel fi o'r blaen?
Dwi'n ddu ac yn wyn,
Ac yn cerdded yn ddigri.
Ond dwi'n hapus fy myd,
Coeliwch chi fi!

- Ymunwch y dotiau a lliwiwch y llun.

Esgidiau

Mae gen i esgidiau esmwyth dwi'n eu gwisgo'n y tŷ,
Mae gen i esgidiau rhedeg, oes rhai tebyg gyda ti?

Mae gen i esgidiau lliwgar dwi'n eu gwisgo yn y glaw,
Mae gen i bâr o "wellingtons" i neidio yn y baw.

Mae gen i bâr o slipars, a rheiny'n esmwyth braf,
Mae gen i bâr o sandalau i'w gwisgo yn yr haf.

- Helpwch fi i ffeindio dwy o bob esgid.
- Lliwiwch bob pâr yr un fath â'i gilydd.

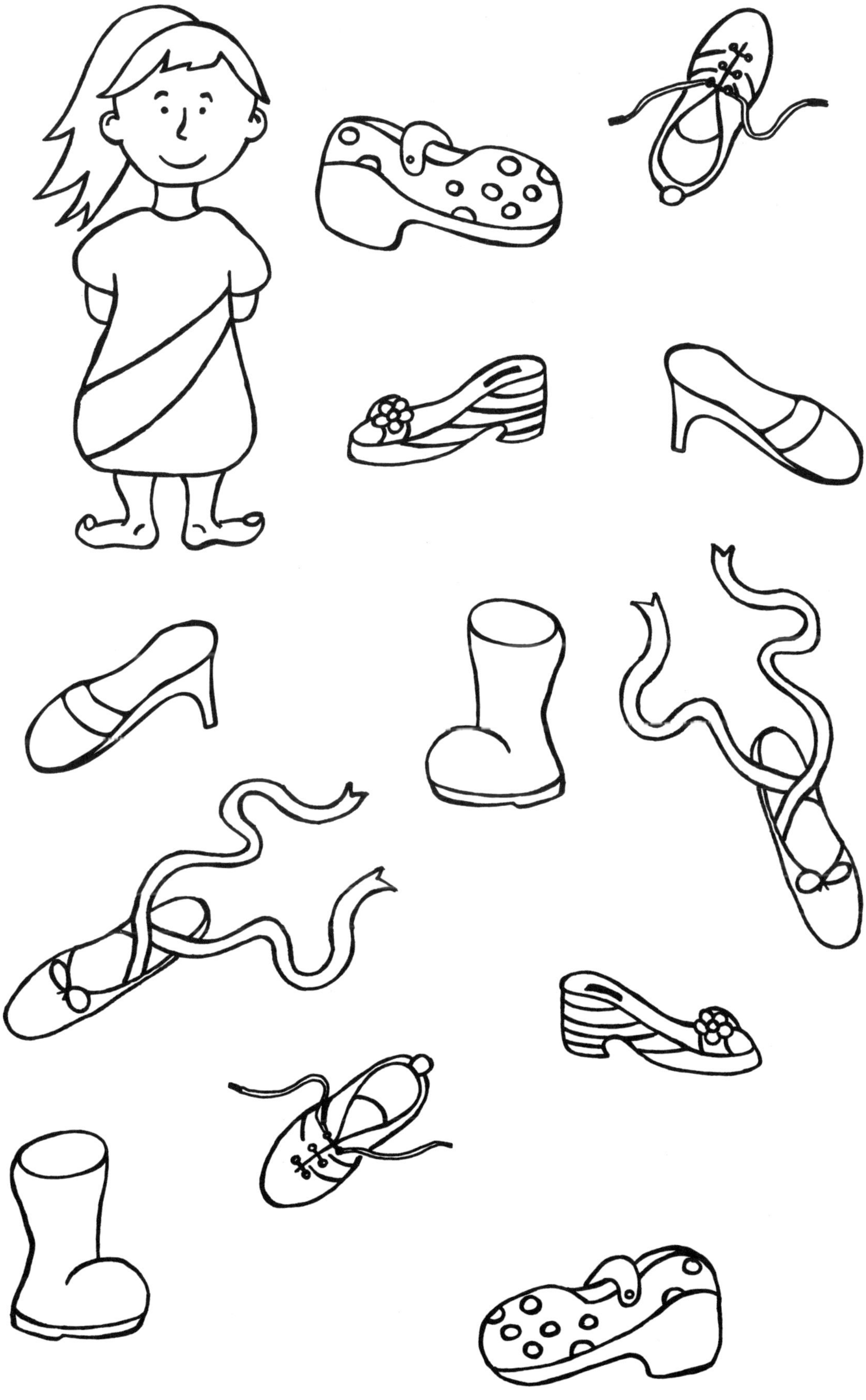

Rheinoseros!

Welsoch chi anifail mor rhyfedd erioed?
Rhyw lwmp mawr llwyd ar bedair troed.
Mae gen i gorn ar fy nhrwyn a 'nghynffon yn dlws,
ond dwi'n llawer rhy dew i fynd trwy'r drws.
Dwi'n byw gyda'r sebra a'r llewod i gyd:
ai fi yw'r anifail rhyfedda'n y byd?

• Lliwiwch y rheinoseros a'r tŷ.

Sach Siôn Corn

Roedd Siôn Corn yn barod: "Bant â ni!"
Ond ble roedd ei sach? "Mae ar goll, helpwch fi!"

Fe ddechreuodd pawb chwilio pob cwr o'r byd –
pegwn y gogledd, pob dinas a stryd.

"O!" wylodd Santa. "Beth wnaf i yn awr,
a'r holl anrhegion i'w dosbarthu mewn awr?"

"Wn i be!" gwaeddodd un corrach bach.
"Fe ofynnwn i'r byd am gael benthyg sach!"

Fe ddefnyddiodd Siôn Corn ei fegaffôn mawr:
"Pawb yn y byd, gwrandewch yn awr.

"Dwi mewn penbleth go iawn, dwi 'di colli'n sach,
rhaid cario anrhegion y plantos bach."

Daeth pawb a phopeth i helpu yn syth;
hyd yn oed robin i gynnig ei nyth.

"Helô, Siôn Corn," roedd rhywun yn galw.
"Wi yma i helpu," meddai'r cangarŵ.

Fe chwarddodd pawb – am syniad gwirion,
cangarŵ yn cario'r anrhegion!

Fe ddangosodd yn syth ei boced glyd,
"mae 'na le i anrhegion holl blant y byd."

''Hwrê!'' meddai pawb gan lwytho yn ddiddan,
roedd bol cangarŵ yn dala'r cyfan.

Ond problem fach arall a godai yn awr,
sef sut fyddai codi y llwyth o'r llawr?

"Powdwr hud!" gwaeddodd Santa, "dyna yw'r tric!"
Ar hynny fe gododd y cangarŵ'n slic . . .

A bant â nhw ar eu taith yn bell dros y byd
tra oedd pawb yn eu gwely, yn cysgu yn glyd.

Fe weithiodd y ddau nes dosbarthwyd y cyfan . . .
A welsoch chi Santa a'r cangarŵ'n hedfan?

- Ymunwch y dotiau a lliwiwch y llun.

Pwy sy'n helpu Siôn Corn? C a n g _ r ŵ

Y wiwer

Rwy'n brysur yn casglu clwstwr o gnau,
gan fod diwedd yr hydref yn agosáu . . .
Fe gysgaf drwy'r gaeaf fel yr ystlum a'r draenog
a deffro'n y gwanwyn i drydar y gog.
Rwy'n ddireidus a hapus,
Ie, gwyliwch chi fi,
yn goch neu yn llwyd fe wnaf driciau di-ri!

- Allwch chi ddod o hyd i 5 cneuen?
Lliwiwch y llun.

Barbeciw

Ar ddiwrnod ffein o haf,
Dwedodd Mam: 'Barbeciw 'se'n braf.'
Felly bant â ni i gyd i siopa am awr
I gael popeth yn barod i'r barbeciw mawr.

A phopeth wedi'i osod, a'r glo yn llosgi'n wyn,
Roedd boliau pawb yn rhuo, ro'n ni'n llwgu
    erbyn hyn.
A Dad yn dechrau ar ei bethau,
'Mlaen â'r cig, pob maint a siapiau;
Yn fyrgyrs a selsig a physgod i Nain,
A 'mlaen â'r drymstics, roedd rhaid cael rhain!

A'r geg yn glafoerio a'r ffroenau'n arogli,
Mewn munud fe fyddwn ni'n llawn.
Ond daeth lleisiau o rywle,
Mam a Dad wrthi'n dadlau,
Roedd y bwyd wedi llosgi'n ulw!

Ac yn ein barbeciw cynta
Fe fwyton ni
Gornfflêcs a jam, wir i chi!

Cerdd yr anifeiliaid

Poli Parot ydw i,
Yn dynwared eich geiriau chi.
Yn las a gwyrdd a melyn ac oren,
Lliwiau'r enfys ar fy aden.

Fi yw'r anifail sy'n debyg i gawr,
Mae gen i drwnc a chlustiau mawr;
Eliffant llwyd yn hapus fy myd,
Yma i ddweud helô i chi i gyd.

Fi sydd â'r gwddf hira'n y byd,
Mae fy mhen yn y cymylau o hyd ac o hyd.
Rwy'n gwisgo'n reit swanc, ac mae 'nghoesau
    i'n hir,
Does neb yn debyg i mi ar y tir.

Gwrandewch ar y crawcian, a chlywch chi fi!
Mewn dŵr neu ar dir fe gaf hwyl a sbri;
Broga bach gwyrdd yn sboncio fan draw,
Yn chwilio am loches cyn daw'r glaw.

Pan fydda i'n fawr

Pan fydda i'n fawr
(sy ddim rhyw lawer iawn rhagor),
dwi'n mynd i gael swydd yn gyrru tractor,
un mawr glas sy'n rhuo fel llew,
mi fydda i cyn hir yn yrrwr go lew!

Ac wedyn mewn sbel,
pan fydda i'n hŷn,
mewn Jac Codi Baw,
fi fydd yr un;
ie, un anferth melyn
a bwced mawr,
a darnau haearn i'm codi o'r llawr.
Mi wna i lwytho a chlirio
a symud a malu,
yn fy Jac Codi Baw mi fydda i'n foi handi!

Ac ar ddiwedd fy ngyrfa,
pan fydda i'n hen lanc,
wi'n credu ga i swydd go lew
yn gyrru clamp o danc!

• Llenwch y bylchau a lliwiwch y lluniau.

Mae tractor yn f _ _ r.

Mae Jac Codi Baw yn f _ y.

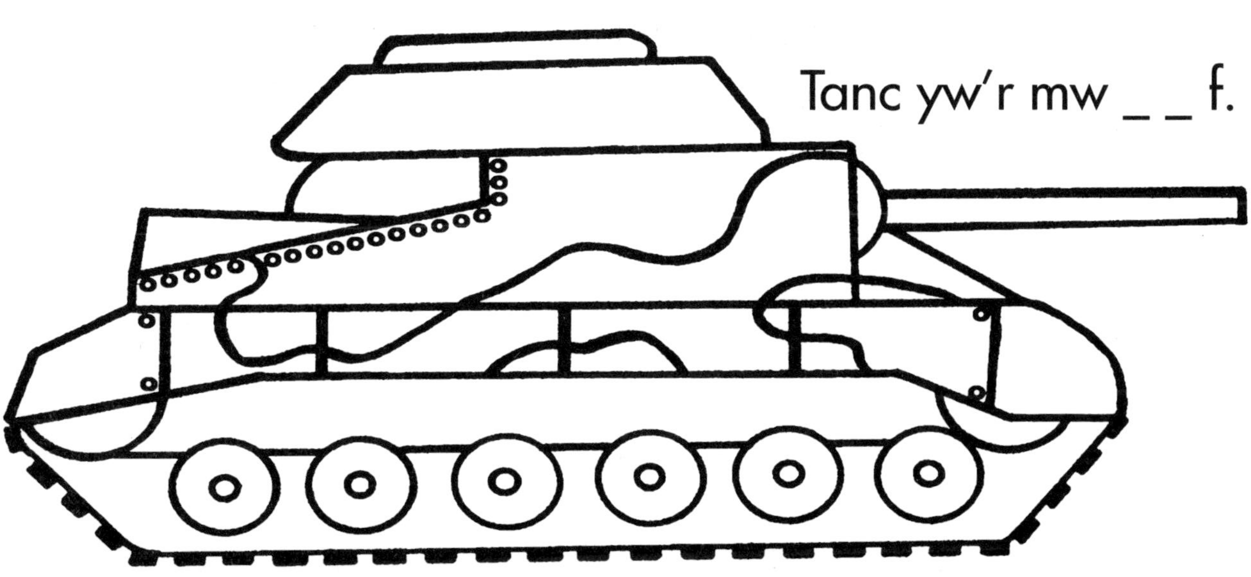

Tanc yw'r mw _ _ f.

Mynd i'r sinema

Popcorn a diod a'r golau'n mynd lawr . . .
Cartŵns yn dechrau ar y sgrin fawr;
Ust, paid â siarad, bydd yn dawel am awr,
Mae'r ffilm yn dechre, mae'n dechre nawr.

Dyma'r arwr balch yn cerdded y stryd,
Ymhen sbel bydd e'n achub y byd!
Mae'i gar e'n glou – mae'n dipyn o foi,
Fe yw'r arwr o hyd.

A'r dynion drwg, waw! gwyliwch chi mas . . .
Ym myd y ffilmie does neb mor gas.
Maen nhw'n dwrdio, yn bwlio, yn cafflo o hyd,
Ond mae tric y dyn drwg yn costio iddo'n ddrud.

Dal yn fy sêt, mae 'na fwyd ym mhob man,
Ac ar y sgrin fawr mae 'na dŷ ar dân.
Daw'n harwr o rywle; mae pawb yn rhydd,
Ac ar ddiwedd yr awr, mae 'di achub y dydd!

Lliwiwch y llun.

Amser gwely

Mam: Nawr mae'n amser mynd i'r gwely.

Fi: Ond Mam, dwi eisiau gwylio'r teli.
Mae'n gas gen i gysgu, mae'r nos mor hir.
Ga i aros am sbel, bydda i'n dda, wir.

Mam: Gwisg dy byjamas, dwi'n cyfri i dri,
Bydd y teledu 'ma fory, nawr bant â ti.

Fi: Pam mai fi sy wastad yn mynd lan gynta?

Mam: Ti'n gwybod pam – ti yw'r lleia!

Faint o'r gloch? Llenwch y bys bach ar y clociau.

Amser brecwast

Amser cinio

Amser te

Amser gwely

Criw o ffrindiau

Dyw Betsan sy'n byw yng Ngharno
byth yn fodlon siario;
A Helen o Gwm Rheidol,
mae hi yn reit hunanol.

A'm ffrind i yn Llandrillo,
Jac yw hwn sy'n hoffi ymffrostio;
Ac am Steff yn Abergwili,
fe yw'r un sy'n eitha bwli.

Druan â Menna ym Machynlleth,
yn byw yn ei byd bach reit ddidoreth.
Wil sy'n byw yn Aberhonddu,
dyna beth yw tipyn o folgi.

Ac am y fi, dwi bron yn berffaith –
i chi gael gwybod, dwi'n byw yn Nhrefdraeth!

Lliwiwch y llun a llenwch y blychau enw.

Dwy ran i'r corff

Mae gen i ddau lygad
i weld dros y lle;

Dwy glust hefyd,
y chwith a'r dde.

Mae gen i ddwy fraich –
i fyny â nhw;

Un llaw, dwy law,
helô, iŵ-hŵ!

Dwy goes hir
er mwyn cerdded a neidio,

ac i gario'r cwbwl
dwy droed sydd yno.

Dilynwch y patrwm i wneud hanner arall y corff. Lliwiwch fi wedyn.

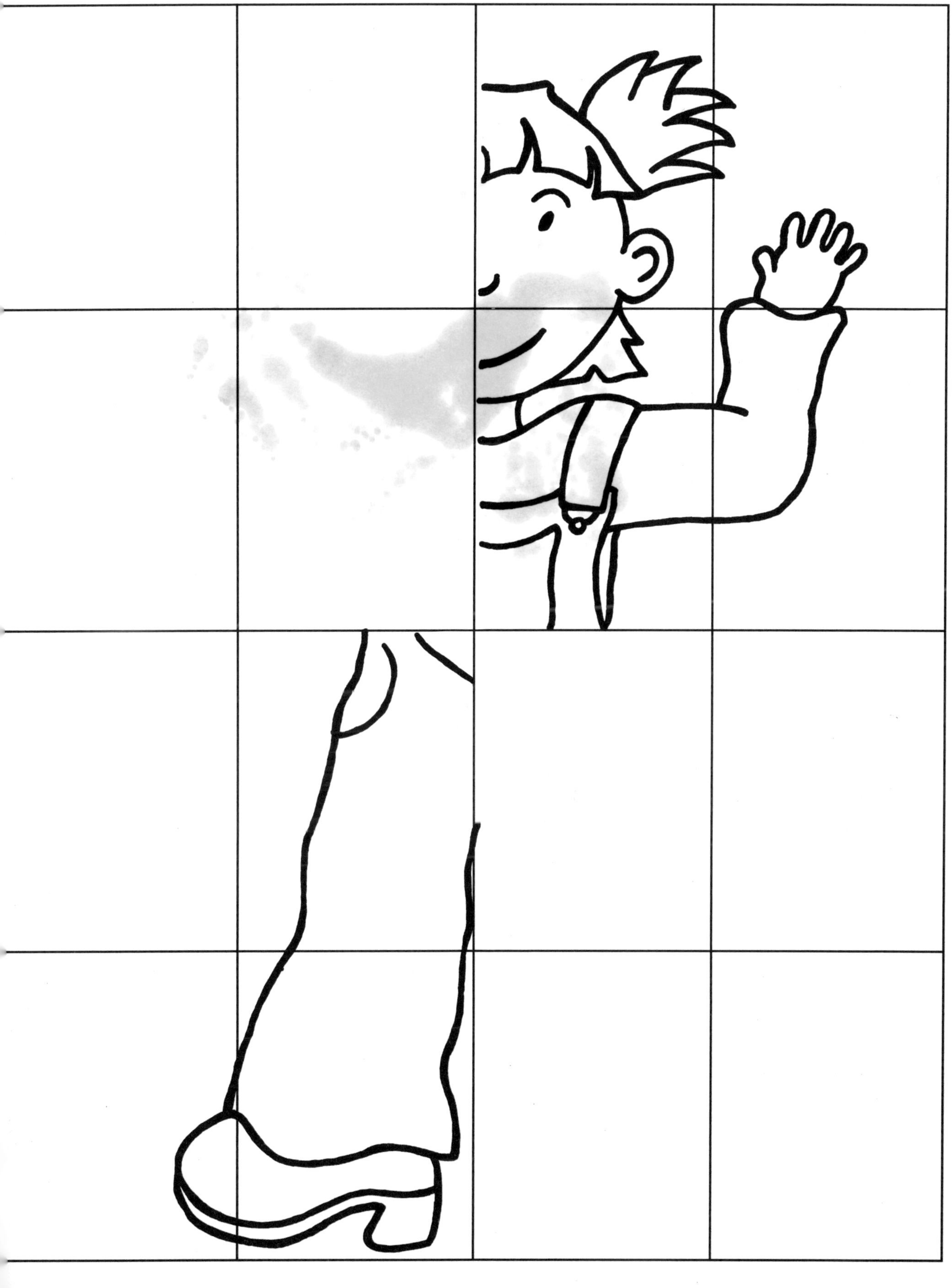